5 SEGUNDOS

INSTANTES IMPACTANTES QUE CAMBIAN TU VIDA

- LECCIONES DE VIDA PARA SER MÁS FELICES -

JAVIER BENÍTEZ

5 SEGUNDOS
Autor-Editor:
© Javier Benítez Campos, 2021
Av. Jorge Basadre 1465 Piso 5, San Isidro. Lima – Perú
Dibujos: Cristina Rendón
Este libro no podrá ser reproducido, total ni parcialmente, sin previo permiso escrito del editor. Todos los derechos reservados.
Primera edición: 02 de marzo, 2021
Tiraje: 1000 ejemplares
ISBN: 978-612-00-5889-3
Registro de Proyecto Editorial:
Hecho el Depósito Legal en la Biblioteca Nacional del Perú N.° 2021-00249
Impreso en Perú / Printed in Peru
Impreso en Industria Gráfica Pena SAC.
RUC. 20603171030.
Dirección: Jr. Pastaza 129. Breña. Lima. Perú.
Marzo 2021

ÍNDICE

A MIS AMIGOS, A MIS PADRES, A MI ESPOSA Y A MIS HIJOS, ESPECIALMENTE A MI HIJO JAVIER, QUE HACE YA VARIOS AÑOS VOLVIÓ A NACER Y CON ELLO YO DESPERTÉ ESPIRITUALMENTE …

PRÓLOGO –

Antes que nada, quiero que hagas algo: Cuenta cinco segundos y dime si es mucho o es poco.

Yo hay días que todavía los cuento. Cinco segundos no parece mucho tiempo, pero todo depende de lo que estés viviendo, todo depende de lo que representen esos cinco segundos.

Éste es un libro que tuve que haber escrito hace ya muchos años y que nunca me atreví. La historia que contaré es absolutamente real. Esa historia cambió mi vida para siempre.

Sin embargo, a pesar su importancia, no había tenido el valor de contar lo sucedido hasta ahora porque en realidad, siendo que lo fue una gran lección de vida, ocurrió por un error mío, un tremendo error del cual todavía hoy me arrepiento y doy gracias a Dios cada día por no haber tenido un desenlace peor.

Mi tercer libro "Un Ángel llegó a mi vida" está dedicado a mi hija pequeña Cayetana. Cuando mi hijo mayor se enteró de que yo estaba escribiendo un libro en honor a mi hija, me preguntó ¿y por qué no escribes uno que tenga que ver conmigo? En aquella ocasión, sabiendo que tenía una gran historia de vida real, le contesté que algún día. Ese día ha llegado y es hoy.

EL POR QUÉ

¿Por qué escribo este libro hoy y no hace diez años, cuando sucedieron los hechos? Lo cierto es que no me atreví. Estaba atemorizado. Hacía poco que había sido papá de mi primer hijo, ese primer hijo que te hace ver la vida de otra manera, cuando apenas tienes herramientas para ser padre de familia, cuando no sabes cómo serlo, pero sí tienes la mejor voluntad por ser el mejor papá del mundo. Cómo podía yo reconocer que fruto de un descuido mío la tragedia estaba ahí.

Estaba yo también recién casado. Mi esposa, la madre de mi hijo también sentía por el chico ese sentimiento del primer hijo. Cuando tienes a tu primer hijo, todo son temores, todo son atenciones, todo es un sin vivir. Imagínate que yo le tuviera que contar a mi esposa cómo fueron los hechos en detalle.

No mentí, pero sí es cierto que no conté todos los detalles y esos detalles son los que cambian la historia. Sencillamente no me atreví.

Hoy me atrevo, y no porque sea más valiente sino porque la vida te va enseñando, la vida te hace ver las cosas con más perspectiva y sobre todo la vida te hace aprender si tú estás preparado para ello.

Hoy me atrevo a contar esos detalles porque quiero enseñarte. Yo tengo un propósito de vida que es "enseñar a millones de personas a ser más felices". Quiero enseñarte con mis errores. Las personas inteligentes aprenden de sus errores y los muy inteligentes aprenden de los errores de los demás. Yo estoy en el primer grupo, quiero que tú estés en el segundo, en el grupo de los muy inteligentes.

Yo aprendí mucho con aquella lección de vida, lo cierto es que fueron simplemente cinco segundos, pero toda mi vida pasó por esos cinco segundos.

ANTES DE LOS 5 SEGUNDOS

Antes de llegar a los cinco segundos, ocurrieron cosas. Los segundos más importantes de la vida de alguien siempre ocurren como consecuencia de una historia pasada. Esta es mi historia.

La verdad es que soy una persona agradecida. Pasé por momentos buenos y momentos malos, pero en el fondo soy agradecido. Agradezco a mis padres por el esfuerzo que hicieron para darnos a mi hermano y a mí todo lo que estuvo en sus manos y más. Agradezco a mis amigos por haber estado siempre ahí y agradezco a las personas que he conocido por haberme hecho crecer. Incluso agradezco al destino que me haya puesto en mi camino también personas incómodas para poder mejorar yo mismo. Las relaciones son la herramienta perfecta para nuestro desarrollo personal.

De pequeño fui un niño responsable, el mayor de dos hermanos que poco a poco fue asumiendo el rol de niño bueno para satisfacer las expectativas de mi padre.

En el colegio siempre me fue bien, sacaba buenas calificaciones y ello me ayudó a seguir ganándome la admiración de mi padre. La figura paterna basada en la responsabilidad, los valores y el trabajo duro fue algo que influyó en lo que sería el devenir posterior de mi vida.

Empecé la Universidad y fruto de esa responsabilidad a veces exagerada realicé a la misma vez el servicio militar, lo cual fue agotador. Si bien en España el servicio militar era obligatorio para todos los jóvenes, siempre había opciones de prórroga. Yo sin embargo decidí no tomar esa prórroga para intentar ganar un año a la vida y así empezar a trabajar cuanto antes. Realicé un Máster al terminar la Universidad y eso me permitió encontrar empleo rápido.

En mis primeros trabajos me fue bien. Si bien es cierto que en uno de ellos me asaltaron con una pistola, la realidad es que no sucedió nada grave, más allá del gran susto.

Unos años después me casé y tuve mi primer hijo, al que llamamos Javier. Por aquella época yo había renunciado a mi trabajo dejando así el mundo corporativo a cambio de tomar la firme decisión de ser emprendedor. Siempre quise ser libre. Y ese sueño de emprendimiento me llevó a Perú donde nació mi hijo. Sin embargo, las necesidades del emprendimiento hicieron que regresáramos a vivir a España, país donde yo nací.

Y en España es donde se dieron esos cinco segundos tan impactantes que cambiaron mi manera de ver la vida.

Durante la semana yo me dedicaba a trabajar en el emprendimiento con mis socios y los fines de semana solíamos ir en familia a una casa en el campo que tenían mis padres.

Lo habitual era llegar el viernes por la tarde. Recuerdo que yo recogía a mi hijo en la salida del colegio y directamente íbamos en auto hasta el campo en un trayecto de aproximadamente dos horas.

Para aprovechar la luz del día a mí me gustaba, nada más llegar a la casa, sacar a mi hijo pequeño a pasear y descubrir la naturaleza. Creo que nos venía bien a los dos.

Una de aquellas tardes al llegar a la casa saqué a mi hijo a pasear. Nunca pensé que en esa tarde se darían los cinco segundos más impactantes de mi vida.

Estaba yo con mi hijo Javier en la orilla de un río jugando a un juego que recomiendo a todos los papás y mamás. El juego consistía en que yo le acercaba piedrecitas a mi hijo, y mi hijo, que por aquella época tenía dos años, las arrojaba al río. Era un juego divertido porque el niño, tan pequeño, estaba descubriendo la naturaleza y el impacto de las piedras al caer al río.

Hacía frío, nunca lo olvidaré. Estábamos en el mes de Enero del año 2011. No había muchas piedras, así que yo las buscaba y se las acercaba.

En medio de aquel juego había un pequeño problema y es que yo por aquel entonces entendía que las personas importantes y responsables tienen que aprovechar el tiempo y estar siempre ocupadas. Y eso es lo que yo hacía. A la misma vez que le acercaba piedrecitas a mi hijo, estaba yo chateando con el teléfono, es decir haciendo multitarea. Por aquella no existía whatsapp pero sí estaban empezando a aparecer los teléfonos inteligentes y podías consultar el correo electrónico y algunos otros mensajes. Así que mientras le acercaba piedras a mi hijo, que estaba a la orilla del río, yo seguía enredado y pegado al teléfono celular.

Y aquí viene lo más impactante que me ha pasado en mi vida: en una de las veces, cuando voy a acercarle las piedras a mi hijo, mi hijo ya no estaba ahí …

No sé si pueden entender lo que pasa por la cabeza de un padre, al darse cuenta de que tu hijo de dos añitos ya no está donde lo dejaste. Se había caído al río, no sabía nadar y lo dramático es que yo no lo veía … Empiezan los peores cinco segundos de mi vida …

5 SEG

Los 5 segundos

Nunca cinco segundos fueron tan largos y agónicos como los que me tocaron vivir. Por esos cinco segundos pasó gran parte de mi vida en modo de emociones. Cinco emociones vividas de manera tan brutal que mi corazón se salía del pecho durante aquellos instantes.

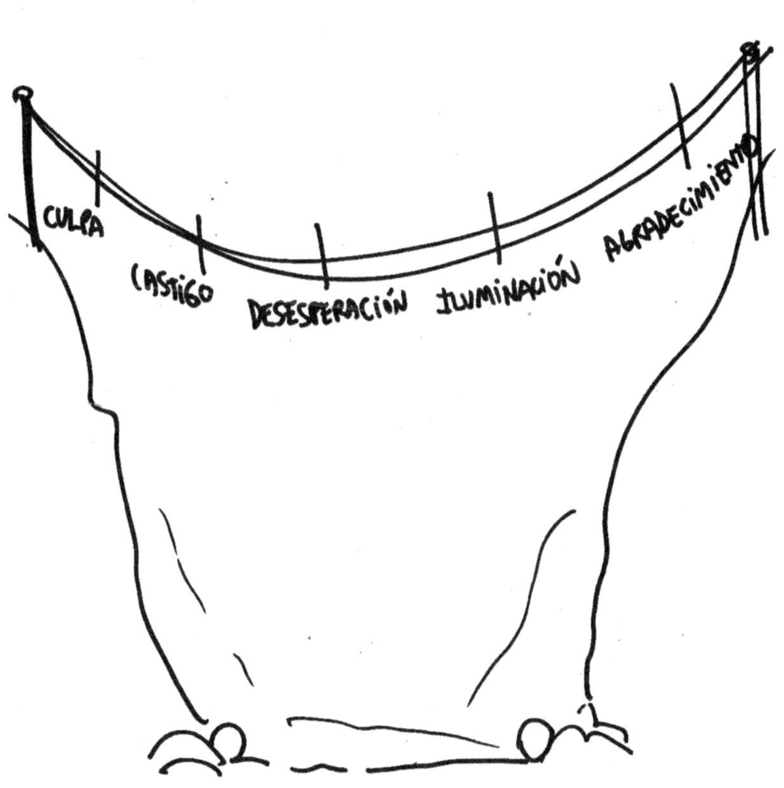

CULPA

El primer instante es de culpa. Esa culpa de saber que has cometido un error. Un terrible error que podías haber evitado si hubieras calculado mínimamente las consecuencias. Pero lo cierto es que no calculé ningún desenlace parecido. A veces simplemente nos dejamos llevar, nos distraemos y no nos damos cuenta de lo que está sucediendo a nuestro alrededor.

A veces es demasiado tarde. No somos conscientes del daño que hacemos a seres queridos simplemente por no hacerles caso, por no prestarles atención. Matrimonios rotos que podían haberse solucionado si hubiéramos sido un poco más empáticos. Relaciones con nuestros padres a los que no les prestamos mucha atención cuando se hicieron mayores y después ya fue demasiado tarde. O simplemente amigos y otras personas que nos ayudaron y nosotros tardamos demasiado en agradecer y compartir con ellos esos momentos que siempre soñamos pero que dejamos para un poco más adelante. La vida pasa y nos sentimos culpables por no haber actuado.

La culpa es un sentimiento muy duro, pero a veces nos coloca en una posición en la que nos damos cuenta de nuestros errores. El sentimiento de culpa nos permite rectificar. Ojalá que todavía podamos hacerlo. Ojalá que tengamos tiempo para enmendar los errores. En mi caso sentía que no tenía tiempo. Si no encontraba a mi hijo en unos segundos sencillamente se ahogaría y lo perdería para siempre. En esos instantes con el corazón a mil lo que no tienes es tiempo. Simplemente te quieres morir, pero sabes que no puedes hacerlo porque esos segundos pueden salvar una vida. Eso sí, necesitas algo así como un milagro y lo sabes. Pero mientras tanto la culpa viene y no solo te destroza, sino que te impide pensar.

Culpa por haber llegado a este momento innecesario, culpa por yo haber sido como era. Culpa por haber tomado decisiones en mi vida que me trajeron hasta aquí.

Decía Eleanor Roosevelt: "Soy lo que soy como consecuencia de mis decisiones de ayer".

¿Qué me hizo a mí haber llegado hasta ese momento infernal? ¿Por qué yo era así? ¿Por qué le había hecho eso a mi hijo, a mi único hijo? Un niño de dos añitos que tenía toda una vida por delante. ¿Cómo podía yo arrebatar sus sueños y los de toda la familia? ¿Cómo podía yo quitarle a su madre el primer hijo? ¿Cómo podía yo quitarles a sus abuelos el primer nieto?

Mi sentimiento de culpabilidad se intensificó. La mente, si no la dominas te puede jugar muy malas pasadas. Puede ir incluso contra ti. Tú mismo te puedes hacer más daño si no eres consciente.

Ese sentimiento de culpa llegó al máximo y cuando la culpa se hace tan extrema se convierte en castigo.

CASTIGO

El castigo es un nivel superior de dolor. Es cuando vas contra ti mismo, es cuando quieres hacerte más daño aún.

Tradicionalmente el castigo ha sido utilizado como un mecanismo de modificación de conductas, sin embargo creo que hoy día el castigo no sirve de mucho. El castigo solo empeora las cosas porque genera más frustración.

El castigo es agresividad. El castigo es no tener la suficiente creatividad para buscar alternativas en la relación con las personas que nos rodean. En muchas ocasiones el castigo parte en la infancia cuando tratamos de corregir el comportamiento de los niños. El castigo puede funcionar como elemento disuasorio hacia potenciales delincuentes, pero en las relaciones familiares el castigo es un cuchillo de doble filo, cuanto más lo usas más te hieres. El castigo se basa en el miedo y el miedo destruye la confianza porque genera siempre resentimientos. En ese sentido el castigo llega a generar el peor de los sentimientos … el castigo genera odio.

Si castigar a otros no tiene sentido, ¿tendría entonces sentido castigarnos a nosotros mismos? Claramente no. Si un amigo tuyo comete un error, ¿le castigarías duramente con palabras? ¿serías hiriente con él? ¿Entonces por qué lo hacemos a nosotros mismos? No tiene sentido.

Creo que el ser humano debería ser más autocompasivo. La vida a veces es dura de por sí. Necesitamos más que nunca saber perdonarnos, saber cuidarnos y saber empoderarnos para seguir creciendo en este viaje que es la vida.

La autocompasión no es sentir lástima por uno mismo, sino ser menos críticos con nosotros mismos. Concebida de esta manera, la autocompasión es clave para poder superar los obstáculos que nos pone la vida y seguir adelante.

¿Tuve yo compasión conmigo mismo? De ningún modo. Por el contrario, fueron momentos de castigo y dolor.

En aquellos instantes sentí un tremendo dolor a la altura de la garganta. Por supuesto mi corazón latía al máximo, pero el dolor se manifestó en la garganta.

En términos hinduistas el chakra (centro energético) garganta es la puerta entre la mente y el corazón y representa nuestra voz, nuestra manera de expresarnos. De alguna manera el chakra garganta permite asegurar la unión entre los sentimientos y el pensamiento, entre en instinto y la razón. Pues bien, en mi caso creo que el castigo que me yo mismo estaba sintiendo bloqueó toda conexión entre el corazón y el cerebro. No podía pensar, solo sufría. Estaba desesperado.

DESESPERACIÓN

La desesperación llega a ser un trastorno emocional como consecuencia de no ver solución alguna a los problemas que estás enfrentando. La desesperación se produce ante situaciones límites. La desesperación nos ciega. Cuando uno está desesperado puede hacer cualquier cosa, incluso cosas que empeorarían aún más la situación actual como por ejemplo correr en dirección contraria a la salida en un incendio.

La desesperación también es rabia. Rabia de no saber qué hacer. Impotencia ante lo que tienes delante pero no solo eso, sino la proyección del escenario más negativo posible. Eso es lo que realmente te desespera, saber que no hay vuelta atrás y que no puedes hacer nada ya. Estás anticipando lo que no querías y tu cuerpo lo siente como si ya lo tuvieras, como si irremediablemente ya hubiera llegado. Esa situación indeseada se te acerca cada vez más. Es como esa pesadilla de la que te quieres librar pero no sabes cómo despertar.

En mi caso la desesperación fue el peor de los instantes. Puedes sentir culpa por algo que hiciste e incluso te castigas por no tener la autocompasión necesaria, Sin embargo, si sabes que puedes hacer algo para remediarlo te sientes aliviado porque visualizas una posible una solución. Pero ¿qué ocurre cuando no sabes qué hacer? ¿Qué ocurre cuando estás en los últimos instantes y el tiempo se agota? Cada milésima de segundo es peor.

Cuando yo llegaba con las piedras a dárselas a mi hijo y mi hijo ya no estaba ahí, sabía que se había caído al río porque era un espacio abierto. Si no lo veía alrededor era porque ya estaba dentro del río. Solo tenía unos segundos para encontrarle, pero ahora piensa esto que es muy importante: ¿cuántos segundos habían pasado ya desde que yo le perdí la vista? ¿cuántos segundos llevaba ya mi hijo en el río? Y lo más importante de todo ¿cuántos segundos me quedaban a mí para encontrarle sin que se ahogara dentro del río? Quiero que entiendas que eso es desesperación, porque el tiempo sigue corriendo y no sabes qué hacer. Imagina además que ya venía yo cargado con el sentimiento de culpa y castigo los cuales no ayudaban en nada, solo empeoraban las cosas.

El tiempo puede ser tu peor enemigo. El tiempo no vuelve atrás. Al tiempo le da igual el pasado, el tiempo no tiene memoria. El pasado no existe, existió pero hoy ya son cenizas. Solo tienes el momento presente y la incertidumbre del futuro. Yo tenía solo unos instantes y un futuro terrible si algo no sucedía. Tenía que suceder algo. Si no sucedía nada, entonces sucedería lo peor, el peor desenlace posible, la pérdida del niño.

En ese minúsculo instante solo cabe un milagro, alguna conexión con algo más, algo que te ilumine.

ILUMINACIÓN

La iluminación es cuando puedes ver algo más allá de lo que veías. Es pura bendición. Es lo que te hace dejar de ser ciego.

En realidad, para conseguir la iluminación en la vida debemos ser capaces de deshacernos de nuestro ego. Y eso en muchas ocasiones y en muchas vidas que he visto es más complicado de lo que parece. ¿Cómo puedes deshacerte de algo que no eres consciente? ¿Cómo puedes eliminar una mancha que no ves?

El ego es lo que nos ciega porque nos hace ver el mundo desde nosotros mismos. El ego centra el foco de atención en nuestros deseos, en nuestros resentimientos, en nuestros juicios, en nuestros victimismos. Sin embargo, la mirada inteligente es ver más allá de nosotros. Dejar de quejarnos por lo que no nos dan y más bien empezar a aportar nosotros a los demás. Empezar a cocinar para todos en lugar de esperar a que nos sirvan la comida.

El problema es que cuando tu energía la centras solo hacia ti nunca puedes brillar. El brillo no debe ser para ti sino para los demás. La lámpara no está hecha para iluminarse a sí misma sino para los que la rodean. La vela se consume, pero sabe que aportó toda su cera y la convirtió en luz para los demás. Es ahí cuando empiezas realmente a iluminar y con esa iluminación tú mismo ves mucho más allá de lo convencional. Imagina una linterna de alta potencia que alumbra muchísimo, pero la enfocas hacia ti. Estás desperdiciando su luz. Imagina que esa misma luz la enfocas hacia fuera de ti. ¿Cuánto puedes iluminar ahora? ¿Hasta dónde puede llegar esa luz? Esa linterna dará todo su potencial si no le pones el límite de ti mismo.

El gran obstáculo para la iluminación es operar en modo de supervivencia. Eso es lo que me pasaba a mí, estaba en una situación agónica. En mi caso fueron unos momentos concretos. Piensa ahora, en tu caso, ¿crees que tú estás en una situación agónica todos los días? A veces no nos damos cuenta y vivimos la vida como si fuera así. Es una locura entrar en esa dinámica de supervivencia. Hace miles de años nuestros antepasados vivían así pero nosotros ya no necesitamos vivir así. Soy consciente de que tenemos responsabilidades y que debemos pagar las facturas a fin de mes, pero vivir en ese estado permanentemente hoy día no tiene sentido. Yo hoy prefiero renunciar a muchas cosas a cambio de no vivir así nunca más. Es una locura, no merece la pena. Disculpa que lo diga así de directo, lo hago por enseñarte. Hoy mismo hablaba con un familiar al que quiero mucho de España y parece que todavía seguimos viviendo y luchando para conseguir la gran felicidad dentro de veinte años cuando tengamos más bienes. Tengo una edad en la que ya cuento los días y esos días prefiero pasarlos con mis seres queridos haciendo cosas con sentido. Quizá no haya ganado todo lo que quisiera, quizá no les deje a mis hijos todo lo que hubiera querido. Me da igual, prefiero dar tiempo que dinero. Y que me perdonen los que esperaban más de mí. Siempre daré lo mejor pero no me pasaré la vida produciendo.

En estos instantes estoy en un lugar recóndito del mundo a las 2:00 am de la mañana escribiendo estas líneas cuando todos duermen.

Mañana, prefiero para los que me rodean invertir un poco de tiempo en preparar la comida y llevarla a los demás que invertir demasiado tiempo y cuando se la lleve todos ya hayan comido.

Recuerda de verdad, el momento es ahora, no existe otro momento. Lo que quieras hacer hazlo ahora, al menos empieza. Todos duermen, yo escribo. No sé si lo hago bien o mal, en el fondo no me importa porque hace años que dejé de competir, por suerte pude minimizar mi ego. El ego solo es necesario cuando no confías en ti mismo, pero si haces las cosas con la mejor actitud y con corazón, no necesitas el ego. No hay que demostrar nada. Si nos confundimos lo mejor es disculparnos rápidamente y tratar de enmendar el error.

Hace unas horas tuve una conversación con una persona a la que aprecio. Se quejaba de su trabajo y de que su empleador no la valoraba. También decía que su empleador, no cumplía con ella la ley de manera estricta. Me pidió consejo. No suelo dar consejo, pero cuando me insistió le dije que se olvide de la ley, de su empleador y de buscar excusas. Lo que debía hacer es buscar otro empleo. La vida es cambio. Me dijo que la cosa estaba difícil, que ahora las empresas no están contratando a nadie. Le dije que la primera barrera es la mental, que quizá no consiga empleo en un mes o en dos meses, pero el simple hecho de ponerse en movimiento la va a hacer más feliz porque se va a volver a valorar de nuevo. ¿De qué vale estar en un sitio que no te valoran? A todos nos ha pasado. De mí se han reído cuando dije que me dedicaría a hacer más felices a millones de personas. Me da igual que se rían. Quizá no llegue a millones de personas, pero si llego a miles o cientos de miles habré hecho algo. Cada persona tiene algo que aportar en esta vida y eso depende de uno mismo.

No dejes que nadie te quite tu luz, repito: No dejes que nadie te quite tu luz, da igual quien sea, tu luz solo la puedes apagar tú. No lo hagas, deja que siga alumbrando y encontrará el camino adecuado. Quizá todavía no sabes cuál es el camino, pero lo importante es que no te dejes llevar por todas las críticas de los demás. Créeme, yo he tenido infinidad de críticas y burlas por dedicarme a temas de la felicidad y aquí estoy, feliz de ayudar a muchas personas y feliz de aprender cada día. ¿Es duro que se burlen de ti? Sí, siempre hay gente tóxica. Huye de ellos con naturalidad. No dediques ni un instante en razonar con ellos. Es mejor utilizar esa energía en ayudar a otros que en tratar de convencer a los que no creen nada más que en su ego.

La iluminación viene cuando eres capaz de libertarte de todo, sin embargo la desesperación te ciega.

En mi caso la desesperación me cegó. Me quedaban unos instantes para intentar ver a mi hijo y poder salvarle, pero no veía nada. Solo veía un río tranquilo donde la inmensa masa de agua fluía y yo sentía que esa masa de agua se lo tragaba todo, que era capaz de arrebatarte a lo que yo más quería. Era como esas ballenas que se tragan un pececito sin notarlo. Así sentía yo ese río. Ese río en el que yo había disfrutado tantos días de pequeño y que ahora se había convertido en mi enemigo, ese río que me había traicionado aprovechando un descuido. Ese río que me estaba arrebatando lo que yo más quería en el mundo, a mi hijo.

Sinceramente, he de reconocer que casi lo di por perdido, yo estaba abatido, ya habían pasado unos segundos y lo único que se veía era una gran mancha de agua del torrente fluvial sin que nada más sucediera. Y eso era lo peor, no había rastro de mi hijo y el tiempo pasaba.

Y cuando ya no quedaba nada, cuando ya todo se había agotado, cuando tocas fondo, cuando das todo por perdido, cuando te arrepientes de todo, cuando dejas tu ego al lado y cuando verdaderamente te entregas a Dios, es cuando te llega la iluminación. Algo que te hace ver donde no veías nada.

Y ahí vi a mi hijo, que enredado entre la maleza se lo llevaba la corriente. Y ahí es cuando vi la luz, cuando esa luz me iluminó, cuando esa luz me dijo de alguna manera … no pierdas esta luz nunca más, te la devuelvo, de ti depende conservarla. Y ahí te sientes agradecido, no solo por ver a tu hijo y tener un hilo de esperanza y salvarle. Agradecido por todo, agradecido por tener una segunda oportunidad en la vida, agradecido por ser consciente de que puedo ser un mejor ser humano.

AGRADECIMIENTO

El agradecimiento es probablemente uno de los sentimientos más potentes y que a la vez da más felicidad al ser humano. No solo eso, el agradecimiento agranda todo aquello que agradeces. Lo que agradeces se aprecia y lo que no agradeces se deprecia.

Cuando agradeces un comportamiento de alguien, tiendes a que esa persona repita tal comportamiento ya que a todos los seres humanos les gusta el reconocimiento de sentirse valiosos en sus acciones.

Agradecer tiene muchos beneficios y así lo demuestran diferentes estudios. Uno de ellos fue el que realizaron Robert A. Emmons de la Universidad de California y su colega Mike McCullough de la Universidad de Miami. Se formaron dos grupos. A un primer grupo de personas se les pidió que durante diez semanas apuntaran cada día cosas por las que estaban agradecidos. Las personas del otro grupo simplemente tenían que apuntar eventos neutros o cosas que no les gustaban. Pues bien, después de diez semanas se comprobó cómo las personas del primer grupo eran más felices, más optimistas, con mayor autoestima, más generosos e incluso gozaban de mejor salud.

En otro estudio llevado a cabo por Joe Dispenza consistente en agradecer diez minutos tres veces al día durante tres días, se comprobó cómo mejoró en esas personas su Inmunoglobulina A en un 50%, sustancia primordial para nuestras defensas contra bacterias y virus. Por tanto, agradecer mejora nuestra salud.

Agradecer también te calma, te hace estar mucho más en paz, en definitiva, te equilibra.

El agradecimiento debe ser una actitud diaria, no solo cuando recibimos algo. Tenemos infinidad de cosas por agradecer. A veces no valoramos lo que tenemos … y en este sentido, decía un proverbio persa: "Lloraba porque no tenía zapatos hasta que vi un hombre que no tenía pies".

¿Crees que no tienes cosas por las que agradecer? Para ayudarte a identificarlas te voy a dar algunos bloques de agradecimiento. Muchas veces no agradecemos porque no somos conscientes, así que estos bloques te ayudaran a identificar aspectos por los que agradecer:

- o Agradece por lo primero, por seguir vivo, por despertar, por poder continuar … un día no podrás.

- o Agradece por ser quien eres, si estás aquí es por algo.

- o Agradece por lo que quieres ser.

o Agradece por lo que te rodea … hay problemas y siempre los habrá, pero también hay cosas buenas que destacar.

o Agradece por tu familia y por tus amigos.

o Agradece por las personas que conoces y alguna vez te ayudaron o estuvieron a tu lado.

o Agradece por tu trabajo.

o Agradece por las habilidades que te fueron dadas.

o Agradecer por todo lo que estás aprendiendo en esta vida, incluso en los momentos incómodos. En lugar de juzgar lo que está sucediendo, míralo con ojos de aprendizaje.

o Agradece por tus sentidos, por oler, ver, palpar, oír …

o Agradece por tu corazón que te llena de amor y de energía, por sentir.

o Agradece porque tu cuerpo sigue funcionando. Dale la oportunidad de que se cure. Dale amor y amabilidad.

o Agradece por tu mente, por tu inteligencia.

o Agradece porque con todo lo anterior puedes ayudar a otros.

o Agradece por tu espiritualidad, por tu alma.

o Agradece por poder conectar con la fuente.

Empieza agradeciendo cada mañana al despertar. Cuando empiezas agradeciendo tu nivel vibracional cambia y si tú cambias, cambia todo lo demás.

Es importante que agradezcas cada día con regularidad y que además lo sientas. Haz el agradecimiento con intención, con energía.

El agradecimiento por último es un gran motivador ya que te alienta a ponerte en movimiento y seguir adelante. Y entonces si agradecer es tan bueno, ¿por qué hay personas que no agradecen?

Hay dos motivos por los cuales no somos agradecidos. El primero de ellos es que nos sentimos superiores y desde ese estado de superioridad guiados por nuestro ego pensamos que no es necesario agradecer, más bien los demás deben agradecernos a nosotros. Ese sentimiento de superioridad es un grave error porque nos ciega, nos aísla y no nos permite valorar las cosas. El segundo motivo por el cual algunas personas no agradecen es que están en "modo víctima". Ese es un estado muy peligroso. Las personas victimistas no pueden agradecer porque no se dan cuenta de las cosas positivas. Cuando uno se centra en lo negativo no ve lo positivo y por tanto no puede valorar las cosas.

Por último, siempre debemos agradecer por aquellas cosas que pudieron convertirse en algo grave pero que finalmente no sucedieron. Ese era mi caso.

En aquel último instante yo me sentí agradecido, profundamente agradecido. Las personas que son conscientes de las cosas las pueden agradecer. El agradecimiento es un sentimiento muy bonito. En mi caso el agradecimiento era incluso superior, piénsalo: Yo, en la desesperación, tuve un instante en el que casi asumí que ya no tendría a mi hijo nunca más. Cuando a uno le devuelven algo que perdió el sentimiento de agradecimiento es mucho mayor. En ese instante uno quiere compensar a Dios o al Universo ese regalo que te devuelve. Uno a veces no valora las cosas, no se da cuenta de los regalos que nos fueron otorgados hasta que sentimos la potencial pérdida. Por eso es importante elevar nuestra consciencia y con ello agradecer cada día. Desde aquel instante mi vida cambió, mi hijo volvió a nacer y yo desperté ... desperté espiritualmente, y eso implicaba que yo quería ahora dar también a la humanidad.

Ya no sería pensar solo en mí, sino en los demás antes que nada. Eso para mí es despertar espiritualmente, así al menos lo entendí yo y ese fue el camino que seguí desde entonces. Por ello me dedico a lo que me dedico y tengo un propósito de vida: "Enseñar a millones de personas a ser más felices".

DESPUÉS DE LOS 5 SEGUNDOS

Cuando me lancé a por mi hijo y lo saqué del río sentí mucho alivio, sin embargo no me sentí plenamente liberado. Era un mes de enero y en España en esa época hace mucho frío. Recuerdo haber llevado a mi hijo rápidamente a la casa de campo que teníamos a escasamente dos kilómetros desde el río y por el camino iba pensando qué les iba a decir a mis padres y a mi esposa, que se habían quedado en la casa.

Cuando llegué no dije mucho, apenas podía hablar. Simplemente dije todavía temblando que el niño se había caído al río y que había que secarle y calentarle rápidamente. Lo que dije era cierto pero no conté todos los detalles y eso me hacía sentir mal. Me preguntaron con mala cara que cómo se había caído pero como yo no decía mucho se olvidaron de mí y se pusieron con lo importante. Secaron al chico, lo pusieron junto al fuego de la chimenea y el susto pasó para todos … excepto para mí, porque yo era el único que sabía cómo fue y sobre todo cómo podía haber sido.

Mientras lo secaban y lo atendían me puse a reflexionar. Esas reflexiones me han ayudado a ser quien soy hoy, por eso quiero compartirlas contigo para que tú también de alguna manera puedas despertar espiritualmente sin pasar lo que yo pasé.

Mi hijo Javi unas semanas después. Ya salvado

LECCIONES DE VIDA

A continuación te daré mis reflexiones en modo lecciones de vida. Estas son lecciones que aprendí desde que sucedieron aquellos impactantes cinco segundos en los que desperté espiritualmente.

Debajo de cada lección te he dejado unos espacios en blanco para que puedas poner tus propias reflexiones y observaciones sobre cómo puedes aplicarlo en tu vida

Lección de vida número 1

La perfección tiene costo infinito.

Es verdad que debemos tratar de crecer y mejorar, sobre todo aprendiendo, pero buscar que todo sea perfecto y que toda tu vida esté bajo control te va a generar demasiada ansiedad. No hay nada perfecto excepto Dios o el Universo. Los humanos somos imperfectos. Por aquella época yo trataba de tener todo bajo control, buscaba perfeccionar hasta el más mínimo detalle cualquier actividad, pero eso me hacía descuidar otros aspectos de mi vida como así fue, porque no podía con todo. He aprendido que no debo torturarme ni torturar a los que me rodean exigiendo que seamos perfectos.

Escribe aquí tus propias reflexiones y observaciones

Lección de vida número 2

Busca momentos de serena inactividad.

Tendemos a pensar que cuando estamos inactivos no somos productivos, e incluso nos sentimos culpables por ello. Sin embargo, esos momentos de serena inactividad son mágicos para conectarnos con nuestro espíritu, para aumentar nuestra creatividad, para ser más tolerantes y para conectar más fácil con la Energía Suprema, lo cual nos hará mucho más intuitivos.

No trates de llenar cada espacio temporal con hacer o decir algo como me sucedía a mí años atrás. Los momentos de silencio e inactividad son una bendición.

Escribe aquí tus propias reflexiones y observaciones

Lección de vida número 3

Activa tu percepción.

Sé más consciente de los detalles que te rodean.

Decía Albert Einstein: "Sólo hay dos maneras de vivir tu vida, una es pensar que nada es un milagro. La otra es pensar que todo es un milagro".

Yo iba con demasiadas prisas por mi vida. Eso me impedía ver los detalles de muchas cosas maravillosas que tenía. Si uno no es consciente de lo que tiene ¿cómo va a valorarlo? ¿cómo va a agradecer por ello?

Escribe aquí tus propias reflexiones y observaciones

LECCIÓN DE VIDA NÚMERO 4

Si centras tu vida en un solo punto, entonces duele más.

La presión es la fuerza dividida por la superficie. Esto significa que a igualdad de fuerza si disminuimos la superficie, la presión aumentará. Déjame que te ponga un sencillo ejemplo: pon tu teléfono celular sobre la palma de tu mano y aplica un poco de fuerza. Eso no duele mucho. Ahora pon la punta de un lapicero sobre la palma de tu mano y aplica la misma fuerza. Eso va a doler más. Ahora imagina que pones un alfiler en la palma de tu mano y aplicas la misma fuerza. Eso dolería mucho más. Lo que está sucediendo es que estamos disminuyendo la superficie y centrando todo en un solo punto.

Hubo épocas de mi vida que me obsesioné con el trabajo, centré toda mi atención en ello y si eso fallaba mi vida dolía más. He conocido muchas otras personas que han centrado su vida en un solo aspecto, por ejemplo el deporte, o una relación o un proyecto o un hobbie ... En el equilibrio está la virtud. Cuanto más equilibres tu vida menos dolerán los problemas que vayan surgiendo porque todo será mucho más relativo.

Escribe aquí tus propias reflexiones y observaciones

LECCIÓN DE VIDA NÚMERO 5

Aprende a ver las señales.

La vida es un viaje de aprendizaje lleno de señales.

Te pongo un símil, ¿qué ocurre si vamos en un auto y no hacemos caso a las señales? Pues que podemos tener graves contratiempos e incluso perdernos.

Lo mismo ocurre en la vida.

En la vida existen señales de orientación y señales de aprendizaje. Las de orientación a veces son simples detalles que si nos fijamos bien nos daremos cuenta de que tenemos que cambiar de dirección en nuestra vida. Las de aprendizaje son las cosas que nos suceden y que si hacemos reflexión sobre las mismas podremos mejorar ante futuras situaciones similares.

Lo que a mí me sucedió fue una señal de aprendizaje, la más grande que he tenido en mi vida.

Escribe aquí tus propias reflexiones y observaciones

LECCIÓN DE VIDA NÚMERO 6

Una gran forma de amar es dedicando tiempo de calidad.

Existen varias formas de amar. Cada persona puede entregar y recibir amor a través de:

 # Contacto físico #

 # Actos de servicio #

 # Regalos #

 # Palabras de afirmación #

 # Tiempo de calidad #

Cada uno valora más una forma u otra. Para mí el tiempo de calidad es muy importante en cuanto a formas de amar.

Últimamente hemos perdido dedicar tiempo a nuestros seres queridos y cuando se lo dedicamos no les prestamos la suficiente atención porque a la vez estamos haciendo otras cosas. Yo a mi hijo le prestaba atención, pero no era atención plena, no era atención de calidad.

El amor es tiempo porque el tiempo es el recurso más escaso y valioso que puedes dar, pero debe ser de calidad.

Escribe aquí tus propias reflexiones y observaciones

LECCIÓN DE VIDA NÚMERO 7

Sal de la rutina.

Cuando sales de la rutina es cuando puedes crecer.

Hubo veces en mi vida que preferí seguir la rutina que intentar cambiarla. Notaba que la rutina era lo conocido, lo que controlaba, mi zona de confort, donde me sentía a gusto. Sin embargo, esa misma rutina a la vez era lo que me bloqueaba, lo que me limitaba, lo que me cansaba, lo que no me permitía crecer.

Después de lo que me sucedió empecé a ver las cosas de otra forma, así que decidí que si tenía una nueva oportunidad me permitiría descubrir y seguir creciendo.

Cuando elijes algo nuevo, ahí está tu oportunidad, tu crecimiento, tu aprendizaje. Elígelo aunque al principio te cueste.

Te hago un símil con el fútbol. Si hubiera un partido de fútbol y yo pudiera jugar, entonces preferiría participar aunque me den alguna patada, que quedarme en el banquillo y ver lo que podría haber sido y no fue.

Escribe aquí tus propias reflexiones y observaciones

LECCIÓN DE VIDA NÚMERO 8

Medita, y si ya meditas, no lo abandones nunca.

La meditación tiene para el ser humano grandes beneficios demostrados en innumerables estudios.

Cuando meditamos, aumentamos nuestra sensibilidad ya que empezamos a percibir cosas que de otra manera pasaríamos por alto.

Yo llevo meditando desde que era adolescente, pero en la época que sucedieron los acontecimientos de este libro yo había dejado de meditar.

Recuerdo que mi ego quería controlar las cosas en lugar de volver a conectarme como siempre había hecho con mi alma a través de la meditación.

Cuando recobré la meditación en mi vida, mi vida sencillamente cambió.

Escribe aquí tus propias reflexiones y observaciones

LECCIÓN DE VIDA NÚMERO 9

Practica activar tu intuición.

Decía George Eliot: "Los momentos de oro en la corriente de la vida nos pasan a toda velocidad y no vemos nada más que la arena; los ángeles vienen a visitarnos y solo los conocemos cuando se han ido".

La intuición es esa conexión con los ángeles o con el universo que te ayudará en aspectos cruciales de tu vida:

 # Como sistema de alarma #

 # Como inspiración #

 # Como guía #

La meditación, los momentos de serena inactividad y la búsqueda de tu yo espiritual te hará ser más intuitivo. Creo que la intuición me ayudó en aquel momento y por eso hoy la sigo tratando de mejorarla. Para ello tengo una meditación propia muy bonita que quiero compartir contigo. Cada vez que medito repito:

"Dios es el que me guía, me inspira, me protege y me ilumina".

Si prefieres otro término en lugar de Dios, puedes utilizar el Universo, La Inteligencia Suprema o La Energía Superior. Puedes adaptar esa meditación como mejor te resulte a ti.

Escribe aquí tus propias reflexiones y observaciones

LECCIÓN DE VIDA NÚMERO 10

No hagas tanta multitarea o lo que es lo mismo varias cosas a la vez.

Creer que por hacer multitarea vamos a ser más eficientes, es un mito. Sencillamente no es cierto.

Cuando estás realizando una tarea y a la vez estás enredado con tu email o tus mensajes, tu coeficiente intelectual en esos momentos disminuye.

La multitarea destroza experiencias que individualmente son maravillosas. Déjame que te lo demuestre: imagina tu canción favorita. Siente el placer de escucharla. Cuando hayas finalizado pon tu segunda canción favorita. También es placentero escucharla. Ahora pon las dos a la vez y escúchalas. Realmente sería una mala experiencia. Por eso la multitarea es capaz de eliminar el placer de las cosas hechas con atención plena.

Además, querer hacer varias cosas a la vez puede ser tremendamente peligroso como me sucedió a mí. No merece la pena. Yo ya lo aprendí con mucha dureza cuando casi pierdo a mi hijo ... todo por hacer multitarea.

Escribe aquí tus propias reflexiones y observaciones

Lección de Vida Número 11

Supera el miedo a afrontar tus errores.

Somos seres humanos y queramos o no, cometemos errores.

Yo no me atreví a contarle todo a mi esposa por miedo, pero en realidad vivir con miedo es la peor opción. Es mejor afrontar el miedo porque al afrontarlo, tiende a disminuir y finalmente acaba desapareciendo.

Cuando un bebé nace solo tiene dos miedos: a caerse en altura y a los gritos estruendosos. El resto de miedos que después tendremos son inventados. Por ejemplo, un miedo muy extendido es el miedo a la crítica. El miedo a la crítica obstaculiza toda acción y desarrollo.

Por el contrario, cuando te dé igual lo que piensen los demás y asumas que es humano equivocarse, empezarás a ser libre. Y la libertad junto con el derecho a la vida son en mi opinión los dos valores fundamentales a los que debemos aspirar en todo momento.

Escribe aquí tus propias reflexiones y observaciones

LECCIÓN DE VIDA NÚMERO 12

Seamos más autocompasivos.

Permanecer en estado de culpabilidad permanentemente es muy perjudicial. Debemos tener un poco más de empatía con nosotros mismos y aprender a perdonarnos.

Yo estuve con un sentimiento de culpa durante mucho tiempo y eso no le hace bien a nadie.

Con el tiempo admití que cometí un gran error, pero ese error no debería acabar en la culpa y castigo permanente, sino que debería emplearse para cosas buenas como el agradecimiento o el aprendizaje.

Ser compasivos con nosotros mismos no es una debilidad.

La autocompasión es tratarnos con bondad y aceptación. Lo bueno es que depende de nosotros mismos.

Escribe aquí tus propias reflexiones y observaciones

LECCIÓN DE VIDA NÚMERO 13

A mayor expectativas mayor ansiedad. Mucho cuidado, debemos mantener un equilibrio. A veces sin darnos cuenta vamos asumiendo nuevas responsabilidades porque nos gustaría conseguir algunas cosas, sobre todo cosas materiales. El problema es que el costo de acercarnos a esas expectativas es la ansiedad que nos genera por querer conseguirlas. Una vez que lo conseguimos, si aumentamos nuestras expectativas volvemos a meter más ansiedad a nuestro organismo.

Eso es lo que me pasaba a mí por aquella época, me quería comer el mundo, quería conseguir muchas cosas y sacrificaba gran parte de mi vida por ello, a veces de manera desmedida. Me puse expectativas muy altas y eso me hacía estar trabajando y conectado siempre.

A veces es inteligente también buscar equilibrio en la vida. A veces es bueno bajar un poco las expectativas para bajar un poco la ansiedad. Con menor ansiedad se piensa mejor. La ansiedad nos ciega como me cegó a mí.

Escribe aquí tus propias reflexiones y observaciones

LECCIÓN DE VIDA NÚMERO 14

Si quieres cambiar de verdad tienes que crear sentido de urgencia.

Si tiras una rana a una cazuela de agua hirviendo va a tratar de sobrevivir y va a hacer lo que sea por salir del agua, sin embargo si pones una rana en agua fría y vas calentando el agua poco a poco la rana no se va a dar cuenta y va a morir hervida. Simplemente no va a reaccionar.

La gran lección es que si quieres que la rana se mueva y se salve tiene que percibir el agua hirviendo directamente, tiene que percibir ese sentido de urgencia. Yo cambié. Aquel acontecimiento para mí fue la mayor urgencia de mi vida.

No debemos vivir la vida como si fuera una urgencia, pero si quieres cambiar algún aspecto de tu vida o si quieres conseguir algo importante debes generarte tú mismo un sentido de urgencia. Eso maximizará las posibilidades de conseguirlo. Muchas veces no conseguimos las cosas porque simplemente tenemos un deseo de algo pero no generamos ese sentido de urgencia. Al no generarlo, sin darnos cuenta acabamos cayendo en lo rutinario, en lo fácil, en lo cómodo y eso hace que nos alejemos de aquello que deseamos.

Escribe aquí tus propias reflexiones y observaciones

LECCIÓN DE VIDA NÚMERO 15

La vida es un fin de semana.

Cuando somos niños es como si fuera viernes, cuando somos adultos es como si fuera sábado y cuando nos hacemos mayores es como si fuera domingo.

En ese fin de semana que es la vida, lo mejor es entender que la felicidad está en el presente. No vayas al pasado a buscar culpabilidad o lo que pudo ser y no fue, ni tanto al futuro a lidiar con la incertidumbre. Si le diéramos más importancia al presente seríamos mucho más felices.

Escribe aquí tus propias reflexiones y observaciones

LECCIÓN DE VIDA NÚMERO 16

En la calma está el poder.

Cuando te suceda algo que te desoriente por completo en cualquier faceta de tu vida, ya sea en el trabajo, en las relaciones, en la calle o en cualquier otro entorno, mantén la calma. Sé que hay momentos de peligro en los que tienes que reaccionar, pero no te preocupes, eso lo hará el cerebro de manera automática.

En los demás momentos mantener la calma te dará poder porque te permitirá conectar mejor con tu intuición, con tu sabiduría interna y desde esa calma podrás tomar siempre mejores decisiones.

Escribe aquí tus propias reflexiones y observaciones

LECCIÓN DE VIDA NÚMERO 17

No apures hasta el último momento.

La vida se ha acelerado mucho últimamente. Las tecnologías nos permiten ir de reunión en reunión sin parar, pero eso nos genera cada vez más ansiedad.

En la vida queremos conseguir cosas y apuramos hasta el último instante, cuando seamos ancianos, y ahí creemos que habremos logrado todo. Mejor equilibra entre producir y vivir. Quizá haya que renunciar a algunas cosas, pero a cambio podrás vivir.

Escribe aquí tus propias reflexiones y observaciones

LECCIÓN DE VIDA NÚMERO 18

En cada trabajo o actividad que realices, entrega tu mejor versión.

No hagas las cosas distraído cómo yo hice. Pon tu corazón en todo lo que hagas. Deja tu sello, de esa manera nadie se olvidará de ti y eso te ayudará no solo en el ámbito personal sino también en el profesional.

Escribe aquí tus propias reflexiones y observaciones

LECCIÓN DE VIDA NÚMERO 19

Averigua, antes que nada, qué es lo más importante para ti en la vida.

Mucha gente no se hace nunca esta pregunta. Yo tampoco me la hice, hasta que me sucedió aquello.

Para ayudarte a saber qué es lo importante te propongo la siguiente reflexión: si viniera un ángel y te dijera que hoy es tu último día salvo que le des alguna razón para seguir viviendo, ¿qué le dirías?

Escribe aquí tus propias reflexiones y observaciones

LECCIÓN DE VIDA NÚMERO 20

Despierta, despierta espiritualmente.

Aquel mes un amigo que me dijo: "eso de la espiritualidad es una tontería, lo que no se toca o no se come no existe". No me lo tomé a mal. Entendí que él estaba en otra etapa de crecimiento en su vida. Años más tarde él tuvo un problema que le afectó de manera importante a su estado emocional. Vino a verme para pedirme consejo. Le ayudé como coach pero sobre todo como amigo, nunca le juzgué. Recuerdo que a partir de lo que le ocurrió él empezó a cambiar. Se hizo más empático, disminuyó su ego, se hizo más humilde y con ello, más cercano a las personas.

Cada uno encuentra su camino espiritual de diferente manera. Puede ser a través de alguna inspiración o a través de alguna adversidad. El problema es que si tú no buscas inspiraciones la vida te traerá adversidades para que reacciones.

Busca tú mismo, inspiraciones para encontrar tu camino espiritual y así evitarás que la vida te traiga adversidades para llevarte al camino que necesitas.

Escribe aquí tus propias reflexiones y observaciones

EPÍLOGO – MARIO CAMINO

Me encanta la sencillez con la que escribe Javier, y su capacidad para rescatar de momentos como el del río lecciones de vida tan potentes y con capacidad para inspirarnos a tomar conciencia sobre nosotros mismos.

Somos buenos amigos y me contó esta historia hace algún tiempo atrás, lo recuerdo claramente, y al leer este libro he vuelto a sentir esa piel de gallina, he vuelto a imaginarme la situación como si volviese a ver una película nuevamente, a sentir esa conexión.

Este libro transmite sobre todo la importancia de estar presente, de valorar lo que tenemos y de ser agradecidos.

Vivir el presente es aprender a disfrutarlo, desapegarnos de las cosas materiales, es tener la certeza de que la felicidad no es un destino, sino más bien está en el camino que recorremos en nuestras vidas, en las cosas simples que se nos dan, como la sonrisa de nuestros hijos, la mirada de aquellos seres a los que amamos, la caricia de un ser querido.

No se trata solamente de disfrutar lo que tenemos y ser agradecidos, se trata de convertir el agradecimiento en una conducta, en una actitud en nuestras vidas. Cuando somos agradecidos el universo nos entrega más cosas por las cuales agradecer, el agradecimiento nos convierte en personas más positivas, nos hace más humildes y nos enseña a valorar las cosas.

Por eso hoy agradezco a Javier por compartir esta historia con nosotros, espero que te ayude como a mí a llevar una vida más presente y más feliz.

- Mario Camino -